LES ANOBLISSEMENTS

EN FRANCHE-COMTÉ

PENDANT LA PÉRIODE ESPAGNOLE

D'APRÈS LES REGISTRES DE LA CHAMBRE DES COMPTES ET DU PARLEMENT.

'est à la période espagnole qu'il faut rapporter la plus grande part des anoblissements dans notre province. La noblesse franc-comtoise, sauf une dizaine de familles qui font exception, doit son élévation aux charges parlementaires. Or c'est pendant l'administration espagnole que le Parlement atteignit l'apogée de sa puissance. C'était entre ses mains qu'étaient concentrés tous les pouvoirs, et Charles-Quint, Philippe II et leurs successeurs récompensèrent le zèle et le dévouement des magistrats du comté de Bourgogne en leur conférant l'anoblissement.

Dès la création du Parlement de Dôle, en 1333, des titres de noblesse furent le prix de l'ardeur déployée par les légistes en faveur des ducs et des comtes de Bourgogne dans leurs luttes contre les grands barons du pays. Nous n'avons pour prouver ce fait qu'à citer les noms des Chousat et des Carondelet. Ce mouvement ne fit que s'accentuer davantage sous la brillante domination des ducs, et, comme nous l'avons dit, ce fut sous la période espagnole que les anoblissements furent le plus nombreux. A ce moment, en effet, l'ancienne noblesse d'épée avait perdu presque complétement son influence, et le gouvernement résidait entièrement dans le Parlement. Le cabinet de l'Escurial confiait bien encore les hautes fonctions de gouverneur du comté de Bourgogne aux membres des familles de Vergy et de Scey ; mais l'histoire des deux conquêtes de notre province démontre que ces fonctions de gouverneur furent annulées par le rôle du Parlement.

Nous pensons qu'il est intéressant pour ces motifs de publier une liste aussi complète que possible des anoblissements accordés par les princes espagnols en Franche-Comté. Les registres de la Cour des Comptes et du Parlement qui devaient enregistrer toutes les lettres de noblesse ont servi de base à notre travail. Nous avons mis à profit aussi une liste des anoblis dressée au dernier siècle pour le service des bureaux de l'intendant de la Franche-Comté et de ses subdélégués. Jusqu'en 1789, en effet, la noblesse avait une importance non-seulement honorifique, mais encore réelle, et conférant des avantages matériels tels que l'exemption de la plupart des impôts. Aussi l'intendant et ses subdélégués qui avaient la haute main dans la confection des rôles des impositions, se procuraient une liste exacte de toutes les personnes nobles afin de ne pas leur faire payer induement les diverses tailles levées seulement sur les roturiers. Les archives du département du Jura conservent dans le fonds de l'intendance de la Franche-Comté (série C, art. 28), une de ces listes dont nous avons adopté l'ordre chronologique pour notre publication.

Nous ne terminerons pas cet exposé sans remercier MM. Ad. Jobin, avocat, Zéphirin Robert et Bousson de Mairet, des notes et des documents précieux qu'ils nous ont fournis. Malgré les plus actives recherches, les armes de quelques familles anoblies nous sont restées inconnues; d'autres, par suite de concessions postérieures à l'anoblissement, ont changé leur blason. Nous prions les membres de ces familles de nous fournir tous les renseignements qu'ils jugeront convenables afin qu'il nous soit possible de dresser plus tard, avec exactitude, un armorial général de la Franche-Comté.

Lettres de noblesse enregistrées à la Cour des Comptes.

[1] Antoine Conroy, sieur de Moleron, anobli par le roi et l'archiduc d'Autriche au mois de janvier 1493.

[2] Jean de Gilley, de Salins, anobli par Maximilien, roi des Romains, le 2 janvier 1494. Cette famille a donné deux ambassadeurs à la monarchie espagnole. Jean de Gilley, né en 1527, seigneur de Marnoz, est auteur de divers ouvrages latins sur Annibal, le Décalogue, etc.

---

[1] Armes inconnues.
[2] Armes : D'argent au chêne arraché de sinople.

[1] Jean Bréron, anobli au mois de juin 1501 par lettres de Maximilien et de l'archiduc Philippe le Beau.

[2] Jacques Bouveret, lieutenant du château de Bracon, anobli par Philippe le Beau au mois de juillet 1503.

[3] Huet de Vers, anobli par Philippe le Beau, au mois de juillet 1503.

Jean Bordey de Wuillafans anobli par Philippe le Beau au mois d'août 1503.

[4] Hugues Cuynet de Nozeroy, anobli au mois d'août 1517 par lettres de l'archiduchesse Marguerite d'Autriche.

[5] Catherin Maréchal de Lons-le-Saulnier, anobli au mois de juillet 1525, par lettres de l'empereur Charles-Quint.

[6] Jean Reffay de Vaucluse, anobli le 1er mars 1522 par Charles-Quint.

[7] Hugues Pelissonnier, anobli par Charles-Quint le 1er avril 1528.

[8] Jean Hugon, anobli par Charles-Quint le 24 février 1530.

[9] Pierre Courtot, anobli par Charles-Quint le 12 août 1530.

[10] Charles de Laborey, anobli en 1521 par Charles-Quint.

[11] Jean Petremand, de Besançon, anobli par Charles-Quint en 1531. C'est l'aïeul de Jean Petremand, conseiller au Parlement sous les archiducs Albert et Isabelle, et auteur du *Recueil des ordonnances et édits de la Franche-Comté*.

[12] Jacques Chambériat, anobli par Charles-Quint le 30 septembre 1531.

---

[1] Armes inconnues.
[2] Armes : De gueules....
[3] Armes : D'or, au sautoir d'azur, chargé d'une coquille d'or.
[4] Armes : De gueules....
[5] Armes : D'azur, au chevron d'or, accompagné en chef de deux demi-losanges.
[6] Armes : D'azur, à la bande d'argent accostée de deux roses de même, une en chef et une en pointe.
[7] Armes : De sable....
[8] Armes : De gueules, à une bande ondée d'or, accompagnée de deux aiglettes d'argent, une en chef, l'autre en pointe.
[9] Armes : Coupé de sable et d'or, au lion de même de l'un à l'autre.
[10] Armes : De gueules, à la bande d'or chargée d'un sautoir de gueules.
[11] Armes : D'azur, à trois pommes de pin d'or, les pointes en bas, posées deux et une.
[12] Armes inconnues.

¹ Guillaume Chaseron, d'Arlay, anobli par Charles-Quint au mois de mars 1535.

² Jacques Gournon, de Nozeroy, anobli par Charles-Quint au mois de novembre 1536.

³ Odot, Guillaume et Nicolas Tison frères, anoblis par Charles-Quint le 21 juillet 1541.

⁴ Hugues Chenillet, de Pesmes, anobli par Charles-Quint le 7 mars 1544.

⁵ Catherin Mayrot, de Pesmes, anobli par Charles-Quint le 6 mars 1544.

⁶ Claude Franchet, de Pontarlier, anobli par Charles-Quint le 14 novembre 1551.

⁷ Louis Sarron, anobli par Charles-Quint le 25 octobre 1555.

⁸ François Vibert, de Saint-Oyan-de-Joux, anobli par Charles-Quint le 29 octobre 1555.

⁹ Claude Marion, anobli par l'empereur Ferdinand le 5 décembre 1561.

¹⁰ Pierre Hugues, Marc et Étienne Fauche, de Morteau, anoblis par Philippe II au mois de juillet 1576.

¹¹ Jean Camus, de Dôle, anobli par Philippe II au mois de juillet 1578.

¹² François Bourguignet, de Vesoul, anobli par Philippe II, le 26 novembre 1578.

---

[1] Armes inconnues.
[2] Armes inconnues.
[3] Armes inconnues.
[4] Armes inconnues.
[5] Armes : De gueules, à une fasce ondée d'argent.
[6] Armes : D'azur, à la tête et encolure de cheval d'argent.
[7] Armes : De gueules, à une bande d'argent, accompagnée de trois besants d'or.
[8] Armes : D'or, à un daim au naturel.
[9] Armes : De sinople....
[10] Armes : De gueules, à trois têtes de licornes d'argent.
[11] Armes : D'azur, à la fasce d'or, accompagnée de deux étoiles d'argent en chef et d'un oiseau de même en pointe.
[12] Armes : D'azur, à un aigle d'or en essor langué de gueules, posé en bande au canton gauche, à la pointe et au premier du chef un soleil naissant d'or.

[1] François Inglois, de Champrougier, premier maître de la Chambre des Comptes de Dôle, anobli par Philippe II le 15 mars 1583.

[2] Adrien Guienet et Anatoile Mauffans, de Mantry, anoblis par Philippe II le 26 décembre 1580.

[3] Prudent, de Saint-Maurice, avocat au Parlement de Dôle, anobli par Philippe II le 2 mai 1583. Messire Jacques de Saint-Maurice, chanoine, grand [archidiacre de la métropole, fut reçu chevalier de Saint-Georges en 1590.

[4] Claude Renard, de Dôle, anobli par Philippe II le 31 octobre 1583.

[5] Jacques, Antoine, Louis, Bernard, Marguerite, Claudine et Philiberte Gérard de Wuillafaus, frères et sœurs de Baltazard Gérard, assassin de Guillaume de Nassau, anoblis le 4 mars 1589 par Philippe II.

[6] Claude Duchesne, de Dôle, anobli par Philippe II le 1er février 1590.

[7] Jean Clément, de Cléron, anobli par Philippe II le 2 mars 1590.

[8] Guillaume Coquelin, de Salins, anobli par Philippe II le 24 mars 1592.

[9] Guillaume Alepy, payeur des bois à la saunerie de Salins, anobli par Philippe II le 22 mars 1592.

[10] Christophe Contet, de Nevy, anobli par Philippe II le 7 octobre 1595.

---

[1] Armes de la famille Inglois: D'azur, à trois triangles d'or, deux et un.

[2] Armes: D'azur, vairé d'or.

[3] Armes: De gueules, à la croix tréflée d'argent, au chef d'azur chargé de trois cœurs d'or.

[4] Armes: D'azur, à une bande d'argent chargée d'un lion de sable, lampassé et armé de gueules, à la bordure de l'écu engrêlée de sable.

[5] Armes: Coupé de gueules et d'argent, un lion de l'un en l'autre, lampassé de gueules, armé d'azur, tenant de la droite une sonde de même.

[6] Armes: D'azur, à la croix d'argent accompagnée en chef de deux sautoirs raccourcis d'or et en pointe de deux besants de même.

[7] Armes inconnues.

[8] Armes: D'azur, à deux licornes affrontées d'or, armées d'argent, les cornes passées en sautoir.

[9] Armes: D'argent, à un pin de sinople, le fruit de pourpre.

[10] Armes: De gueules, au chevron d'argent, accompagné de trois hermines d'or.

[1] Poncet, de Salins, anobli par Philippe II le 4 septembre 1596.

[2] Charles Pétrey, anobli par Philippe II le 12 janvier 1592.

[3] Anatoile, Étienne, Jean et Claude Doroz de Poligny, frères, et Anatoile, leur oncle, anoblis par Philippe II le 17 avril 1592.

[4] Nithier Paunier, de Salins, anobli par Philippe II le 17 avril 1598.

[5] Jean Guillaume, contrôleur en la saunerie, anobli par Philippe II le 28 avril 1598.

[6] Jean Junet, de la Rivière, anobli par Philippe II le 28 avril 1598.

[7] Claude Courdemoy, de Vesoul, anobli par les archiducs Albert et Isabelle le 24 mars 1600.

[8] François Oreillard, de Gray, anobli le 24 mars 1600 par les archiducs Albert et Isabelle.

[9] Claude Magnin, chanoine en l'église Saint-Hippolyte de Poligny, Guillaume et Pierre Magnin, anoblis par les archiducs Albert et Isabelle, le 10 février 1601. (Famille originaire de Lons-le-Saulnier.)

[10] Antoine Bereur, anobli par les archiducs Albert et Isabelle le 19 janvier 1602.

[11] Jean Duc, de Salins, anobli par les archiducs Albert et Isabelle le 3 décembre 1602.

---

[1] Armes : De.... bande d'argent et de gueules de sept pièces.
[2] Armes : D'argent, à une rose de gueules, boutonnée d'or, feuilles et soutenues de sinople.
[3] Armes : D'or, à la fasce d'azur, chargée d'une rose d'argent, au cœur d'or.
[4] Armes : D'hermine, à un lion de sable.
[5] Armes inconnues.
[6] Armes : D'hermine, à une fasce de gueules, chargée d'une quintefeuille d'or.
[7] Armes inconnues.
[8] Armes : D'argent, à un aigle en essor de sable, au milieu d'un massacre de cerf de même.
[9] Armes : D'azur, à l'aigle d'or, armé, lampassé et becqué de sable.
[10] Armes : D'azur, à un chevron d'or, accompagné de deux quintefeuilles d'argent en chef et de trois croissants de même adossés en pointe.
[11] Armes : Coupé de gueules et d'argent à un lion de l'un en l'autre, brochant sur le tout, lampassé et armé d'or.

¹ Jean, Jacques, Humbert et Pierre Sarragoz, frères, de Besançon, anoblis par l'empereur Rodolphe II le 20 août 1603.

² Louis et Georges Bocquet, de Saint-Amour, anoblis par les archiducs Albert et Isabelle le 17 mai 1607.

³ Jean et Pierre Gilbert, de Baume, frères, anoblis par les archiducs Albert et Isabelle le 15 août 1605.

⁴ Jean Ozanne, de Dôle, anobli par les archiducs Albert et Isabelle le 18 juillet 1606.

⁵ Confirmation des lettres de noblesse accordées par Philippe II à Vauthier Livet pour Jean et Pierre Livet, ses fils, confirmation donnée par les archiducs Albert et Isabelle le 22 septembre 1610.

⁶ Étienne Varin, de Besançon, anobli le 28 février 1611 par l'archiduc Albert. Cette famille distinguée dans la magistrature se divisa en trois branches ayant les mêmes armes. Ses alliances principales sont : Petremand, Morivel, Nardin, Clerc, Bacquet, Lavie.

⁷ Pierre Sordet, de Dôle, fils de Jean Sordet et son frère Guillaume, anoblis par l'archiduc Albert le 3 mai 1611. Cette famille est originaire de Nozeroy et s'éteignit par une alliance avec la famille Barberot d'Autet en 1651.

⁸ Jean et Antoine Besancenot, de Vesoul, anoblis par l'archiduc Albert le 10 mars 1612.

⁹ Désiré Mathon, anobli par l'archiduc Albert le 15 janvier 1613. Cette famille originaire de Poligny était établie à Salins.

---

¹ Armes : D'azur....
² Armes : De sinople, à quatre roses cantonnées d'or.
³ Armes : D'azur, à deux jumelles d'or, une étoile d'or en chef.
⁴ Armes : D'azur, à trois colonnes d'argent.
⁵ Armes : D'azur, à deux étoiles d'or en chef, un soleil de même en abîme et un croissant d'argent en pointe.
⁶ Armes : D'azur, à la croix ancrée d'or, chargée au milieu d'un écu d'argent à un rameau de laurier à une feuille au naturel mis en bande, surmonté au premier canton d'une étoile d'azur à senestre de l'un en l'autre.
⁷ Armes : De gueules, à trois têtes de levriers d'argent posées une et deux, accolées, bouclées et couronnées d'or.
⁸ Armes : D'or, à un palmier arraché de sinople.
⁹ Armes : D'argent à un pal de sinople passé en sautoir.

¹ Hugues Milley, de Fondrement, au balliage de Vesoul, anobli par l'archiduc Albert le 26 octobre 1614.

² Louis de Ville, de Salins, anobli par l'archiduc Albert le 29 juin 1615.

³ Simon Billard, de Salins, anobli par le roi d'Espagne Philippe III le 21 juillet 1618.

⁴ Gabriel et Nicolas Gérard, de Vellexon, anoblis par les archiducs Albert et Isabelle le 22 juin 1619.

⁵ Confirmation des lettres de noblesse accordées par l'empereur Rodolphe à Charles Mareschal, citoyen, le 13 février 1613, confirmation donnée par les archiducs Albert et Isabelle. Cette famille originaire de Wuillafans vint se fixer à Besançon au xve siècle pour s'y livrer au commerce et à la banque. Elle ne tarda pas à acquérir une immense fortune. Dans le cours du xviie siècle elle donna au Parlement deux présidents et un conseiller.

⁶ Jean Terrier, de Vesoul, docteur ès-droits, lieutenant-général au siége du balliage d'Ornans, anobli par Philippe III le 7 septembre 1623.

⁷ Confirmation et en cas de besoin lettres de noblesse données au sieur Beno dit Roi, de Dôle, par Philippe III, le 20 août 1624.

⁸ Claude Arvisenet, maître des comptes à Dôle, anobli par Philippe III le 12 août 1624. Cette famille est originaire de Champlitte.

⁹ Pierre-Antoine Varin, de Besançon, anobli par l'empereur Ferdinand II le 19 mai 1624.

¹ Armes: Parti d'or et de gueules.
² Armes inconnues.
³ Armes: D'or, au sautoir engrêlé de gueules, cantonné de quatre têtes d'aigle arrachées de sable, affrontées deux à deux.
⁴ Armes: De gueules à un levrier....
⁵ Armes: D'argent, à la bande d'azur chargée de trois étoiles d'or, accompagnées de deux raisins de pourpre, feuillés de sinople.
⁶ Armes: De gueules, à trois gerbes de blé d'or liées de même.
⁷ Armes: De gueules, à la bande d'or, accompagnée à droite d'une croix de même et à gauche d'une couronne d'or branchée en bande d'un rameau de laurier de même.
⁸ Armes: D'azur, à la pointe d'or, à un lion de même, sous icelui un agneau paissant d'argent, tourné à senestre, au canton gauche un croissant montant d'argent.
Mêmes armes que la branche aînée de la famille Varin.

¹ Charles Marchand, réhabilité par Philippe III le 6 avril 1629. Cette famille anoblie en 1530 par Charles-Quint avait depuis dérogé en faisant acte contraire à noblesse.

² Pierre Aubert, de Pesme, anobli par Philippe III, le 12 octobre 1630.

³ Jean Cler, de Besançon, anobli par Philippe IV le 15 mai 1634.

⁴ Bon Monnier, de Besançon, anobli le 23 septembre 1642 par le roi Philippe IV. Ce Bon Monnier était secrétaire de la Chambre archiépiscopale.

⁵ Philibert Regnaudot de Poligny, anobli par Philippe IV le 19 mai 1643.

⁶ Guillaume Peuldey, dit de Palante, colonel de cavalerie, anobli par Philippe IV le 15 mars 1544. Le roi d'armes ne voulut pas enregistrer les armoiries de cette famille étrangère parce qu'elles étaient composées des armes de l'empereur et du roi d'Espagne.

⁷ Claude-François Moréal, de Dôle, vice-président du Parlement, anobli par Philippe IV le 15 décembre 1644.

⁸ Hermand Vécher, sergent-major de cavalerie, anobli le 14 mars 1645, par Philippe IV. Famille originaire d'Alsace établie à Héricourt.

⁹ Claude-Ambroise Philippe, de Besançon, anobli par l'empereur Ferdinand II le 25 avril 1646. Cet Ambroise Philippe fut depuis conseiller et président au Parlement.

---

¹ Armes : Tiercé en fasce d'or, d'azur et d'argent, l'or chargé d'un lion passant de sable.
² Armes : D'azur, au lion d'argent, couronné de même, tacheté de sable, timbré d'un lion naissant de même.
³ Armes : D'or, à une écrevisse de gueules.
⁴ Armes : D'azur, à la bande d'or, accompagnée de deux besants de même.
⁵ Armes : De gueules, au lion d'or.
⁶ Armes : D'azur....
⁷ Armes : D'azur, à quatre aiglettes d'argent membrées et becquées de sable.
⁸ Armes : De gueules....
⁹ Armes : Ecartelé au premier et au troisième de gueules à la bande d'argent, chargée de trois têtes de cheval de sable ; aux deux et quatrième d'azur, à un cygne d'argent.

[1] Louis Maistre, de Salins, colonel de cavalerie, anobli par Philippe IV le 20 décembre 1646.

[2] Pierre-François Henry, de Besançon, anobli par Philippe IV le 7 février 1650.

[3] Daniel Privé, maître en la Chambre des Comptes, anobli par Philippe IV le 5 juin 1651.

[4] Georges Lapie, de Salins, docteur ès-droits, anobli par Philippe IV le 31 juillet 1651.

[5] Claude Andressol, de Dôle, capitaine du château de Montaigu, anobli par Philippe IV le 22 décembre 1656.

[6] Louis Pourtier, avocat fiscal aux sauneries de Salins, anobli par Philippe IV le 22 décembre 1656.

[7] Claude Martin, vicomte mayeur et lieutenant de la ville d'Ornans, anobli par Philippe IV le 3 juillet 1658.

[8] Renobert Pernet, de Vesoul, anobli par Philippe IV le 17 août 1658.

[9] Laurent Michaud, de Montfleur, anobli par Philippe IV le 30 septembre 1658.

[10] Jean Richard, premier greffier du Parlement, anobli par Philippe IV le 3 décembre 1659.

[11] Anatoile Grivel, qui avait dérogé en exerçant la profession de procureur, réhabilité par Philippe IV le 28 février 1658. Son père, conseiller au Parlement, avait été nobli par l'archiduc Albert.

---

[1] Armes : De sinople, à la fasce d'argent, chargée d'un croissant de sable.
[2] Armes : D'or, à deux rameaux d'olivier ou branches de sinople posées en sautoir, à la tête un mont de même.
[3] Armes inconnues.
[4] Armes : D'azur, à un griffon d'or, lampassé et armé d'argent.
[5] Armes : D'azur, à un chevron d'or, accompagné de trois glands de même.
[6] Armes : D'or, à la bande de sable, chargée de trois fusils d'or, à deux clefs de sable dressées en pal à dextre et à senestre.
[7] Armes : D'azur, à trois anneaux d'or, une croix alitée en abîme aussi d'or.
[8] Armes inconnues.
[9] Armes : De sable, à trois losanges d'argent.
[10] Armes : D'azur, au lion d'or soutenant de ses deux pattes un sautoir de même.
[11] Armes : De gueules, au chevron d'or, accompagné en chef de deux étoiles et en pointe d'un croissant surmonté de trois fuseaux, le tout d'or.

¹ Philippe Pécaud, d'Arbois, capitaine dans l'armée de Philippe IV, anobli par ce prince le 8 mars 1659.

² Jean Richard, de Besançon, anobli par Philippe IV le 28 février 1659.

³ Jean-George Aymonnet, de Vesoul, anobli par Philippe IV le 16 juillet 1661.

⁴ Étienne Maréchal, de Besançon, anobli par Philippe IV le 16 juillet 1661.

⁵ Milan Paponnet, capitaine dans l'armée d'Espagne, anobli par Philippe IV le 3 mars 1662.

⁶ Jean-Baptiste Millot, de Montjustin, près Vesoul, anobli par Philippe IV le 3 mars 1662.

⁷ François Chaudey, anobli par Philippe IV le 10 juin 1663.

⁸ Jean et Jacques-Antoine Mayret, de Besançon, anoblis par l'empereur Léopold I le 18 septembre 1668.

⁹ Jean-Antoine Tinseau, anobli par Charles II d'Espagne le 12 août 1670.

¹⁰ Denys Mouret, de Salins, anobli par Charles II le 20 juillet 1672.

¹¹ Jean-François Camus, de Vesoul, anobli par Charles II le 20 octobre 1672.

¹² François Pavans de Cecati, originaire de Venise; maître de l'Académie de Besançon, anobli par Charles II le 26 août 1673.

[1] Armes : D'or, à un cheval effrayé d'azur, un sautoir alisé de gueules à la pointe.
[2] Armes inconnues.
[3] Armes : Coupé de gueules et d'or, un château d'argent en chef, deux lions d'azur en pointe.
[4] Mêmes armes que la famille Maréchal, citées plus haut.
[5] Armes : D'or, au sautoir de gueules, chargé de deux épées d'argent.
[6] Armes : De gueules, à la bande d'or, contournée de deux bâtons de même.
[7] Armes : D'azur, à une croix d'or, cantonné à quatre croix, deux raccourcies d'argent.
[8] Armes inconnues.
[9] Armes : D'azur....
[10] Armes : Coupé de sable et d'argent, à trois fuseaux d'argent posés en pal sur le sable.
[11] Armes inconnues.
[12] Armes : De sable....

[1] Jean Boudieu, dit Vaudry, de Salins, anobli par Charles II le 11 septembre 1673.

Lettres de noblesse enregistrées au Parlement.

[2] Jean Bichin, de Lure, anobli par l'empereur Ferdinand Ier en 1541.

[3] Hugues Glanne, procureur-général du balliage d'Aval, originaire d'Arbois, anobli par Marguerite d'Autriche en 1516.

[4] Nicolas Briot, de Besançon, anobli par Charles-Quint le 26 octobre 1550.

[5] Jean Bontemps, d'Arbois, conseiller au Parlement de Dôle, anobli par Maximilien en 1494.

[6] Frédéric de Chavirey, de Recologne, fait chevalier par l'infante Isabelle le 20 juin 1626.

[7] Louis Berthin, de Lons-le-Saulnier, anobli à l'instance du prince d'Orange par Philippe le Beau.

[8] Balthazard Belot, originaire de Nozeroy, anobli par Charles-Quint en 1531.

[9] Guillaume Nardin, de Fraisans, anobli en 1528 par l'archiduchesse Marguerite.

[10] Claude Choz, de Poligny, anobli par les archiducs Albert et Isabelle en 1607.

[1] Armes: De gueules, à une bande d'azur, chargée de trois écrevisses de sable.
[2] Armes: D'azur, à la fasce d'or, accompagnée d'une montagne à trois coteaux de sinople, une biche issante et naissante au naturel, lampassée de gueules, un besant d'or à la pointe de l'écu.
[3] Armes: D'azur, au chevron d'or, accompagné de trois glannes de blé de même, deux en chef, une en pointe.
[4] Armes: D'azur, à la bande d'or, chargée de trois sautoirs de gueules.
[5] Armes: De gueules, au chevron d'argent, chargé de deux aigles d'azur, accompagné de trois croix pattées d'argent.
[6] Armes: D'azur, à une bande d'or, accompagnée de sept billettes de même.
[7] Armes: D'azur, à trois bâtons d'argent, percés et trois coquilles de même entre les bâtons.
[8] Armes: D'argent, à trois losanges d'azur et un croissant renversé de même vers le chef.
[9] Armes: D'or, chargé d'un croissant d'azur, au chef d'azur chargé de trois étoiles d'or.
[10] Armes: D'or, au chevron d'azur chargé à la pointe d'une croisette ancrée d'argent, une rose de gueules à la pointe de l'écu.

¹ Antoine d'Orchamps, de Besançon, anobli par Charles-Quint en 1549.

² Pierre et Jean Belot, de Baume-les-Dames, anoblis par Charles-Quint en 1544.

³ Jean Favier le Vieux, Jean Favier le Jeune, Claude Favier, anoblis par Charles-Quint en 1544 selon les registres de la Cour des Comptes, et par Philippe II en 1563 selon ceux du Parlement. Cette famille habitait Moirans, dans la terre de Saint-Claude, et fut affranchie de la mainmorte par son anoblissement.

⁴ Antoine de Pellot, fait chevalier en 1628 par Philippe IV.

⁵ Claude Jacquot, de Besançon, secrétaire de Claude de la Baume, archevêque de cette ville, anobli par l'empereur Rodolphe II en 1588.

⁶ Claude et Hyacinthe Belot, faits chevaliers par Philippe IV en 1645.

⁷ Claude Grivel, fait chevalier par Philippe IV le 19 janvier 1640.

⁸ Jean-Baptiste Duchamp, fait chevalier par Philippe IV le 20 janvier 1644.

⁹ Louis Maître, de Salins, colonel, fait chevalier le 22 décembre 1646.

¹⁰ Hugues et Antoine Garnier, de Gy, anoblis par Charles-Quint en 1551.

¹¹ Lettres d'augmentation d'armes pour Claude-Antoine de Saint-Mauris en 1650.

---

¹ Armes: De gueules, à la bande engrêlée d'or, frettée de sable.
² Armes: De gueules, à trois serpents de sinople.
³ Armes: D'or, à trois gousus de faine d'azur, mises en pal, feuilles de même.
⁴ Armes: D'azur, à trois fers de pique d'argent, posés 2 et 1, la pointe en bas.
⁵ Armes: D'argent à trois molettes d'azur, soutenues de sinople.
⁶ Armes de la famille Belot (Nozeroy) données plus haut.
⁷ Armes de la famille de Grivel, données plus haut.
⁸ Armes : De sinople....
⁹ Armes de la famille Maître, données plus haut.
¹⁰ Armes inconnues.
¹¹ Armes de la famille Saint-Mauris-Montbarrey. Cette augmentation d'armes consiste dans le changement du chef d'azur chargé de trois cœurs d'or, par un chef d'azur à l'aigle d'or.

¹ Claude Nicod, de Wuillafans, anobli par Charles-Quint en 1533.

² François Damedor, fait chevalier le 22 décembre 1629 par Philippe IV. Ce François Damedor, originaire de Vesoul, était seigneur de Baudoncourt.

³ François Foissette et Jean Foissette, anoblis et le dernier fait chevalier par Philippe IV le 19 février 1656.

⁴ Jacques Pollinot, de Marnay, domestique de Laurent de Gorvod, seigneur de ce lieu, grand-maître d'hôtel de l'empereur Charles-Quint anobli par ce prince en 1526.

⁵ Jules Laborey, de Salans, fait chevalier le 15 août 1659 par Philippe IV.

⁶ Claude-François Lallemand, fait baron le 24 novembre 1663.

⁷ Laurent Chifflet, de Besançon, membre du gouvernement de cette ville, depuis conseiller au Parlement de Dôle, anobli par Charles-Quint en 1552.

⁸ Odot Roy, de Nozeroy, anobli par l'archiduchesse Marguerite en 1516.

⁹ Pierre Cécile, de Pontarlier, anobli par l'archiduc Albert le 28 août 1613.

¹⁰ Claude de Seros, baron de Choye, fait chevalier par l'archiduc Albert le 17 juin 1620.

¹¹ Jean d'Einskerke, fait chevalier par l'archiduc Albert le 26 juil-

---

¹ Armes : D'azur, à trois besants d'or posés deux et un : chef aux armes du roi des Romains.
² Armes : D'azur....
³ Armes : D'azur, à trois besants d'or posés 2 et 1. Timbre : Un homme naissant armé de front, portant à chaque main étendue un besant comme à l'écu.
⁴ Armes : D'or, au chevron d'azur accompagné de trois aiglettes d'azur.
⁵ Armes de la famille Laborey, données plus haut.
⁶ Armes : D'argent à la fasce de sable, accompagnée de trois trèfles de gueules, deux en chef et un en pointe.
⁷ Armes : De gueules, au sautoir d'argent, à un serpent annelé d'or au milieu du chef.
⁸ Armes : De gueules, à trois couronnes d'or posées 2 et 1, au chef d'argent.
⁹ Mêmes armes que la famille Cécile de Salins.
¹⁰ Armes : De gueules, à la croix ancrée d'argent.
¹¹ Armes : D'azur, à trois harengs d'argent, couronnés d'or et mis en face l'un de l'autre.

let 1614. Son fils Jean fut en 1664 reçu chevalier de Saint-Georges. Cette famille prit dans certains titres le nom d'Anvers parce qu'elle était originaire de cette ville.

¹ Jean-Baptiste Petrey, seigneur de Champvans, fait chevalier par Philippe IV le 9 août 1651.

² Permission donnée à Ferdinand Mathieu, de Saint-Mauris, de prendre la qualité de baron, par Philippe IV le 22 novembre 1625.

³ Pompée Benoit, fait chevalier par l'archiduc Albert le 14 novembre 1608.

JULES FINOT,

Archiviste du Jura.

¹ Mêmes armes que celles de la famille Petrey, données plus haut.
² Cette famille est distincte de la famille de Saint-Mauris-Montbarrey et a d'autres armes. Elle porte : D'argent, à deux fasces de sable. C'est la famille de Saint-Mauris-Chatenois.
³ Armes: D'azur, au chevron d'argent, chargé en pointe d'une étoile à cinq rais de gueules.

(*Extrait de la Revue nobiliaire*, 1868.)

www.ingramcontent.com/pod-product-compliance
Lightning Source LLC
Chambersburg PA
CBHW061610040426
42450CB00010B/2416